PETER MENNE wurde 1962 ohne größeres Dazutun als Westfale geboren. Seine berufliche Laufbahn begann im Aktzeichensaal der FH Bielefeld, wo er mit Bleistift und Feder jedes Topmodell in eine Karikatur verwandelte. Heute lebt er mit seiner Frau und zwei Kindern in Potsdam. Er illustriert Zeitschriften, Schul- und Kinderbücher sowie Bücher für Erwachsene. Außerdem entwirft er Plakate und arbeitet als Karikaturist. »Die Parade der Tiere« ist sein erstes Bilderbuch.

www.beltz.de

Neue Rechtschreibung
Einband- und Innenillustrationen: Peter Menne
Einbandgestaltung: Diana Lukas-Nülle
Druck: Beltz Druckpartner GmbH & Co. KG, Hemsbach
Bindung: Beltz Bad Langensalza GmbH, Bad Langensalza
Printed in Germany
ISBN 978-3-407-79470-3
1 2 3 4 5   16 15 14 13 12

PETER MENNE

DIE PARADE DER TIERE

BELTZ
& Gelberg

tele-studio

Blumen-Kruse
Wurst
Eis

Eis
Kiosk

ZOO HANDEL
Wurst
STOP

Cafe

POLIZEI

Curry63